"SE O AMOR NÃO SE MULTIPLICA
E SE PARTILHA NA HUMANIDADE,
PESA DEMAIS A UM SER AMADO."

© Cármen Lúcia Antunes Rocha, 2024
© desta edição, Bazar do Tempo, 2024
© das imagens, Projeto Portinari

Todos os direitos reservados e protegidos pela lei n. 9610, de 12.2.1998. Proibida a reprodução total ou parcial sem a expressa anuência da editora.

Este livro foi revisado segundo o Acordo Ortográfico da Língua Portuguesa de 1990, em vigor no Brasil desde 2009.

EDITORA Ana Cecilia Impellizieri Martins
COORDENAÇÃO EDITORIAL Meira Santana
ASSISTENTE EDITORIAL Olivia Lober
REVISÃO Isabel Cury
SELEÇÃO DE IMAGENS João Candido Portinari
PROJETO GRÁFICO Dupla Design
ACOMPANHAMENTO GRÁFICO Marina Ambrasas
FOTO DA AUTORA Marcelo Camargo/Agência Brasil
FOTO DO ARTISTA Projeto Portinari

CIP-BRASIL. CATALOGAÇÃO NA PUBLICAÇÃO
SINDICATO NACIONAL DOS EDITORES DE LIVROS, RJ

R572D

   Rocha, Cármen Lúcia Antunes
   Direitos de/para todos / Cármen Lúcia Antunes Rocha; ilustração Candido Portinari. - 1. ed. - Rio de Janeiro: Bazar do Tempo, 2024. 208 p. ; 18 cm.
   "Ilustrado com obras de Candido Portinari"
   ISBN 978-65-84515-82-6

24-88235   CDU:342.7

Gabriela Faray Ferreira Lopes   Bibliotecária - CRB-7/6643

Rua General Dionísio, 53 – Humaitá
22271-050 – Rio de Janeiro – RJ
contato@bazardotempo.com.br
www.bazardotempo.com.br

DIREITOS DE PARA TODOS

CÁRMEN LÚCIA ANTUNES ROCHA
ILUSTRADO COM OBRAS DE CANDIDO PORTINARI

SUMÁRIO

7	Introdução	103	Artigo 17
15	Artigo 1º	109	Artigo 18
21	Artigo 2º	115	Artigo 19
27	Artigo 3º	121	Artigo 20
33	Artigo 4º	127	Artigo 21
39	Artigo 5º	133	Artigo 22
45	Artigo 6º	139	Artigo 23
51	Artigo 7º	145	Artigo 24
55	Artigo 8º	151	Artigo 25
59	Artigo 9º	157	Artigo 26
65	Artigo 10º	163	Artigo 27
69	Artigo 11	169	Artigo 28
73	Artigo 12	179	Artigo 29
79	Artigo 13	185	Artigo 30
85	Artigo 14	191	Direito para todos
91	Artigo 15	203	Sobre a autora
97	Artigo 16	205	Sobre as imagens

A morte cavalgando, 1955

INTRODUÇÃO

Toda guerra é perversa. Toda guerra é injusta. Toda guerra é desumana. A guerra contraria a natureza da paz que o ser humano busca e que justifica a sua convivência organizada com os seus semelhantes.

A guerra de 1939-1945, denominada Segunda Grande Guerra, não teve nada de grande em termos de benefício para a humanidade. Pode-se tê-la grande tomando-a pelo cálculo das crueldades e ignomínias cometidas. Também não foi apenas a segunda, conquanto assim chamada por se seguir, nos mesmos termos devastadores e compreensivos das potências mundiais, ao conflito de 1914-1918.

O que ela pôde aportar de novo para a humanidade foi o resultado francamente contrário às dignidades aspiradas, em especial o que se perpetrou contra os judeus e as denominadas potências orientais.

8 O assombroso ataque atômico a Hiroshima e Nagasaki, respectivamente em 6 e 9 de agosto de 1945, mostrou à humanidade que o ser humano podia não se fazer construir apenas à imagem de Deus, mas também podia se fazer destruir à imagem do Demônio.

A reação contra um quadro tão estarrecedor e demonstrativo do que podiam ser capazes as pessoas ensejou a formação de uma Comunidade de Nações, assim entendida como uma aliança sedimentada em bases jurídicas e políticas pelos Estados. E não apenas segundo os contornos mais frouxos do que se buscara com a Sociedade das Nações, mas uma organização que pudesse configurar uma união, mais que mera reunião, de Estados.

A Organização das Nações Unidas, cuja concepção se contém, primeiro, na mensagem dirigida pelo presidente norte-americano, Franklin D. Roosevelt, ao Congresso dos Estados Unidos e, depois, na Carta do Atlântico, assinada pela autoridade executiva norte--americana juntamente com o primeiro-ministro britânico, Winston Churchill, em 14 de agosto de 1941, fecundou-se sob o signo da garantia das liberdades e da segurança para os povos e para os Estados.

A Carta de fundação da Organização das Nações Unidas data de 26 de junho de 1945 e foi assinada por 51 Estados, ao término da Conferência de San Francisco.

Essa Carta estabelece, especialmente em seus artigos 13 e 55, que os direitos humanos constituem a base da Organização, conquanto tenham sido inicialmente cogitados basicamente em termos de liberdades individuais. Mas pôs-se como um dos propósitos da nova Organização "empregar um mecanismo internacional para promover o progresso econômico e social de todos os povos".

Constituído naquela Organização o Conselho Econômico e Social, com competência para favorecer entre os povos "níveis mais altos de vida, trabalho efetivo e condições de progresso e desenvolvimento econômico e social", esse órgão, a teor do disposto no art. 68 da Carta das Nações Unidas, aprovou a criação e o estatuto da Comissão de Direitos Humanos (Resoluções nº 5.1, de 16 de fevereiro de 1946, e 9.2, de 21 de junho do mesmo ano). A primeira atribuição dessa Comissão seria cumprida, segundo o que se estatuiu na Sessão do Conselho Econômico e Social de 16 de fevereiro de 1946, pela elaboração de uma declaração de direitos humanos (art. 55, da Carta das Nações Unidas).

Essa primeira incumbência teve o seu aperfeiçoamento em 18 de junho de 1948, com a apresentação de um projeto de Declaração Universal dos Direitos Humanos, o qual foi aprovado, no mesmo ano, pela Assembleia Geral das Nações Unidas, em sessão conclusiva de 10 de dezembro.

Essa não foi a única declaração ou pacto sobre direitos humanos firmado pela Organização, havendo uma sequência de documentos que se vem elaborando para o aperfeiçoamento dessas normas e instrumentos nela previstos. Em que pese poder parecer, numa leitura preliminar, ter essa Declaração natureza recomendatória, e não impositiva, sabe-se que ela se caracteriza por ser direito, que não sugere ou avisa, mas proclama e positiva. Ademais, não se nega, na atualidade, que os direitos humanos se impõem pela sua natureza, não pela sua forma ou pela formalidade dos documentos nos quais se acham declarados e assegurados.

Setenta e cinco anos após a sua promulgação, entretanto, não é pela sua forma que ainda se luta para a conquista por muitos e garantia, por todos, dos direitos humanos. É que a injustiça não se resolve fácil. A democracia não prospera sem cuidados. Os direitos humanos, a garantir a democracia tenra e frágil, como é próprio do humano trato da vida, demandam mimos e atenções que ao menor descuido podem muito sofrer.

A fome agride a dignidade do ser humano, e não são poucos os famintos, não apenas de pão, mas de justiça e solidariedade, que peregrinam mundo afora, mesmo quando não podem sair do seu canto.

A tortura vocifera em calabouços que trancam segredos de Estado ou de seus agentes, algozes dos irmãos e vítimas de sua própria tirania. Estádios continuam guardando presos políticos, a censura fala mais alto em parte enorme do mundo e as guerras, mercenárias, continuam a matar e a mutilar milhares de homens, mulheres, idosos e crianças, que nem sabem se a luz que surge, de repente, é uma estrela ou a lava candente de uma superarma a lhes queimar entranhas e sonhos.

Frustraram-se os direitos humanos? Não! Continua o ser humano a sua trilha incessante de berços e esquifes, a produzir a sua vida e a sua morte, buscando afastar as dores e afagar os amores que são todos de uma trajetória que não aprendeu a caminhar a única trilha da fraternidade que lhe seria possível e desejável. Os passos não são únicos e os caminhos da humanidade pluralizam realizações e destruições. Mas se as trilhas ainda são perversamente inversas e contraditórias em detrimento da humanidade, às vezes, já se vislumbra um céu mais claro a guiar o ser humano para novas possibilidades. Essa estrela-guia pode não ser seguida, mas segue a pessoa mostrando-lhe direitos que podem clarear, em muito, o seu trajeto com o outro.

ARTIGO 1º

Todos os seres humanos nascem livres e iguais em dignidade e direitos. São dotados de razão e consciência e devem agir em relação uns aos outros com espirito de fraternidade.

(Art. 1º, III, e art. 5º da Constituição do Brasil)

Paz, 1955

GENTE É IGUAL. Tudo igual. Mesmo tendo cada um a sua diferença. Gente não muda. Muda o invólucro. O miolo, igual. Gente quer ser feliz, tem medos, esperanças e esperas. Cada qual vive a seu modo. Lida com as agonias e as alegrias de um jeito único, só seu. Mas o sofrimento é sofrido igual. A alegria, sente-se igual.

Filhos da terra, iguais em sua semente de liberdade e esperança. Filhos da mesma mãe terra.

Filhos iguais das mães. Iguais as mães. Todas dignas. Não se vergam, não se entregam e dão a todos os filhos do mundo exemplo de que a pessoa humana é feita de vértebras na alma. Não é feita para se curvar. Nem para deixar de lutar.

O filho espera com fome e a mãe apressa-se. Do rico ou do pobre, o filho é da mãe o próprio amor que acode a tempo e a hora.

18 Todas solidárias as mães. Solidariedade pura deixada para os filhos de todas as mulheres, que a fraternidade se faz pelo sangue da humanidade que dança nas veias do mundo, não se liquefaz em tipo sanguíneo.

Igual o amor das mães. E, sabe-se, o amor não vê tipos. Mas há tipos diferentes de amor. O amor não tem medo, porque existe em si, produz-se na humanidade, que lhe garante a existência, mesmo depois de ter parado o coração do amado.

Porque o amor é livre e próprio dos homens, como a dignidade é própria do amor. O ser humano tem consciência disso mesmo na inconsciência do que se vive no amor.

O humano é ser que não desiste. Liberta-se de sua individualidade pelo amor que o faz único ao outro.

O humano é ser que não renuncia a si. A sua dignidade impõe que continue, mesmo quando parece cessada toda esperança. Esta também teima em persistir, em nome da humanidade, em nome do amor que virá, em nome do anseio de se libertar.

É esse anseio que acorda a cada dia, ainda que apenas para deixar claro que a noite já se foi e para lembrar que ela voltará ao final de cada entardecer.

O ser humano não tarda; faz-se seu tempo. E todo tempo é de liberdade e de esperança.

ARTIGO 2º

I) Todos os seres humanos têm capacidade para gozar os direitos e as liberdades estabelecidos nesta Declaração sem distinção de qualquer espécie, seja de raça, cor, sexo, língua, religião, opinião política ou de outra natureza, origem nacional ou social, riqueza, nascimento, ou qualquer outra condição.

II) Não será também feita nenhuma distinção fundada na condição política, jurídica ou internacional do país ou território a que pertença uma pessoa, quer se trate de um território independente, sob tutela, sem governo próprio, quer sujeito a qualquer outra limitação de soberania.

(Art. 3º, II, art. 5º, caput, e incisos II, VIII, IX, XLI, XLII, da Constituição do Brasil)

Mãe preta, 1940

AS PESSOAS JÁ NASCEM SABENDO. Sabem de si e consigo e por si aprende o outro. Ninguém ensina a criança a chorar, a reclamar de fome ou desconforto. Seu sorriso, tira-o de si mesma, do que lhe vai na essência.

Vida não se aprende, morte não se ensaia. Dignidade não tem fórmula, amor não tem fronteira, liberdade não tem fonte outra que não a própria humanidade.

O humano é um ser capaz. É sujeito que cria e se impõe ao direito e se propõe ao direito. O instinto de vida, que se sobrepõe à ingratidão dos desfavores da morte, é sinal da capacidade do ser humano de querer ser feliz, quando tudo parece conspirar contra. A vida conspira, sempre, a favor do ser humano, de sua capacidade de fazer brotar de novo em si a esperança de que as coisas mudem, melhorem, que amanhã será mais fácil, quem sabe até vai dar para ser feliz.

A natureza humana é instruída. Seu saber nasce da semente da humanidade, frutificada em cada ser.

Por isso, não há distinção humanamente possível entre as pessoas.

24 Toda pessoa humana tem o direito de ser identificada e igualada pela sua humanidade e diferenciada no que constitui a sua individualidade.

Mas a humana individualidade não é elemento extrínseco; é intrínseco. Pelo externo, que é formalidade só, não se diferencia, discrimina-se. E o sonho de justiça igual para todos, segundo a capacidade de cada ser humano de pensá-la e experimentá-la, seria enterrado, porque seria a morte das ilusões de uma sociedade em que se abriga no conforto de ser, de viver e até, dignamente, de morrer.

ARTIGO 3º

Todo ser humano tem direito à vida,
à liberdade e à segurança pessoal.

(Art. 5º da Constituição do Brasil)

Pai e filho, 1959

TRÊS MAÇOS DE CIGARROS já tinham virado cinza na lixeira do imenso corredor branco.

As pessoas, de branco, faziam caras brancas para o pai aflito, vermelho de ansiedade e aflição. A espera dos nove meses parecera nada diante da eternidade daquele corredor de maternidade. Quase uma hora e o silêncio de seu cigarro era mais intenso que o da placa do hospital. O cigarro não resolve. Nunca resolve. Nada externo resolve a aflição da vida.

A sensibilidade branca de todos os médicos trânsitos de pressa, os olhos invisíveis mais entorpecidos que uma anestesia poderia fazer.

Nove meses, depois de quase três anos de outras expectativas, que se abortaram em desilusão da vida que se negara a vir.

Agora, a espera. Final? Quem sabe? Vida nunca é finda, mesmo quando o vivo já atravessou a última porta. Ficam os amores, as palavras, as risadas, as lágrimas de quem partilhou com quem partiu cada momento vivido. Vida tem força.

30 A demora não estava demais? Queria ligar para o mundo, mas o mundo não tem telefone. Só as pessoas, cada uma, o têm. E, mesmo assim, são tantos os partos de cada noite, que parece que ninguém se preocupa mais com os nascimentos. Nessa pressa do viver de hoje, até a morte é desvelada, que dirá o nascimento!...

Queria sair, gritar para o mundo a sua ansiedade de espera última para ver a cara do filho. Ia ser tomado por louco. Mas não era um ser livre? Não lhe vinha o filho, que queria também o fosse, tão livre para gritar, para calar, para cismar e brincar quando bem entendesse? Gritou para dentro, que a liberdade, às vezes, pede silêncio porque todos ali estavam condenados a permanecer atados ao cordão umbilical que nem ao menos viam, mas que estava na sala de parto, sendo cortado talvez naquele exato momento.

Acende outro cigarro, zanzando para o outro lado daquele corredor que não acaba, tão pequeno, no entanto, lhe parece que seus passos têm de fazer a volta a cada minuto extenuado.

Vai jogar o fósforo na lixeira quando vê, despontando, a enfermeira com o seu filho nos braços. A nova vida reclama em choro agasalhado e lamentoso.

Não vê bem entre as lágrimas, mas sente a chama do fósforo que mantém aceso entre os dedos a lhe abrasar a alma, tomando-a em fogueira que queima todas as desesperanças.

O grito é inútil. A palavra, desnecessária diante da visão da vida. Só quer abrigar de toda incerteza a criaturinha enrolada em panos como um ninho da modernidade no amparo dos seus braços, trêmulos de vigor novo diante da sua vida, que, agora, nunca mais vai se acabar.

ARTIGO 4º

Ninguém será mantido em escravidão ou servidão; a escravidão e o tráfico de escravos estão proibidos em todas as suas formas.

Navio negreiro, 1950

FOI S'IMBORA PRA SUM PAULO pro mode que percisava. Ia deixando o rescaldo, mas a famia devia de ter o de cumê. A seca fora braba. Nem dava prá contar. Dos oito fio, dois Deus já tinha levado. É assim: Deus dá, a seca tira.

Nas terra civilizada contara arrumá um empreguinho. Tempo só mêmo de ajuntá uns pingado, pro mode vortá. Que Deus nos livre de cidade de tanta gente, qui nem essa bitela em que se meteu. Só mermo por causa dos menino. Da Rosinha, tumbém.

Se bem lhe ofereceram seguir pruma fazenda. Longe também, mas o tempo passava pra mais depressa. Tinha de seguir num caminhão, mas sempre acabou por compensar. Era madrugada atrás de madrugada. Bom que nem pensava. Pensamento de saudade dói por demais. Faz inté home chorá.

Os menino ficaram no aperreio com a sua partida. Tristeza de viver esta nas longura dos d'a gente. Só aguentava era pro mode que o tempo se desespera de pressa neste mundão de cá. Num era nos prazer dos tempo, qui nem na roça.

36 Nem comia direito prá num gastá mais que o perciso. Pro mês ia pedi as conta. Ia pra ano que andava por cá e era festeiro de Santo Antônio. Vortava cum gosto. De suas contas tinha emendado e pensava pudê levá uns agrado dos hão. Mais do que tudo, ia vê os menino.

Tardezinha do dia esperado foi falá com o capataz. O Santo esperava, os menino tumbém. Tinha que se ir. O capataz pigarreou. E as dívidas? Qui dívida, home de Deus, se nem como direito, pro mode num gastá o de levá. Mas o patrão gastou com o colchão, os pratos de camarada, as compras dos pitacos de pinga e fumo nas sextas-feiras, tudo somado, ele ainda devia ao patrão. Não dava ainda para se ir deixando na penúria o patrão. Fora bom, lhe dera o que fazê.

Cabeça zuniu com as novidade. Com que então, ficara fazendo dívida enquanto penava de amor sentido e da frieza destes cantos de cá? Zombaria, esta? Num queria esmola, era home de bem, forte, queria vivê do seu trabalho, mas num guentava mais a prisão dos descampados das terras dos outros. Queria de volta a sua vida, num devia botica dos outros, nem sabia das contas que agora lhe mostravam.

Madrugadinha, rompeu a estrada fugitivo nem sabia bem de quê. Aqui num ficava mais, não. Fugiu do encontro ao seu sonho de voltar a ser feliz.

Foi preso na rodoviária da cidade por tentativa de fraudar credores...

ARTIGO 5º

Ninguém será submetido a tortura,
nem a tratamento ou castigo cruel,
desumano ou degradante.

(Art. 5º, incisos III, XLIII, da Constituição do Brasil)

Cana, 1938

MOREI NUM LUGAREJO então chamado Lençóis do Rio Verde. O nome vinha das asas alvas de garças que aravam à beira das águas então verdejantes. Um dia, o coronel da cidade mandou torturar e sangrar o Nêgo Filó.

Desaparecera-lhe o relógio de bolso. Ouro puro, que herdara do pai. Deixara-o em local pelo qual, segundo afirmava, passara o Nêgo Filó.

O ouro valia o sangue do ser humano que devia responder pelo perdido.

Lembro-me dos gritos que rasgaram a cidade, vindo dos lados do armazém abandonado onde o Nêgo, amarrado, era espancado.

Depois, foi o silêncio. Ninguém mais falou do Nêgo, nem o relógio foi assunto de conversa de gente grande, que eu gostava de escutar.

42 Contam que, ao amanhecer, depois da noite dos gritos, uma revoada de garças assombrou a cidade. Suas asas coloriram-se do vermelho mais rubro. Passaram voando em bando, sobre a cidade entre envergonhada e assombrada.

Os que olharam o revoar da mancha tingida que desfilava no céu ficaram com os olhos vermelhos de piedade e de sombras. Se eram sombras das garças ou do Nego Filó, ninguém soube explicar.

A cidade mudou de nome. As garças não voltaram, nunca mais. Mas milhares de Nêgos Filós ainda povoam esta terra de direitos e liberdades de papel, que teimam em tardar se tornarem fraternidade e esperança para todos.

ARTIGO 6º

Todo ser humano tem o direito de ser, em todos os lugares, reconhecido como pessoa perante a lei.

(Art. 1º, III, da Constituição do Brasil)

Mulher chorando, 1947

DONA GERALDA JÁ FOI PEDRA. Na fuligem acinzentada que recobre tudo, as pedras têm forma de gente; as gentes, forma de pedra. Dona Geralda era pedra. Quem olhava só via pedra nas minas perdidas daquelas paragens.

Dona Geralda não ficava parada, feito pedra. Sua alma tinha força de pedra, mas era de gente. Fugiu para a cidade.

Dona Geralda já foi lixo. Depositada sob viadutos povoados de restos, viu-se confundida, mais uma vez, com o lixo. Coberta de sujeira, como tudo que se aproxima e vive no lixo, dona Geralda virou lixo. Ninguém era capaz de discernir o que era coisa do que era o catador da coisa, na insensibilidade da cidade grande demais para nela caber humanidade. Olhos cegados de néon e brilhos dos falsos brilhantes, os homens e mulheres não perceberam dona Geralda. Nem os joões, as marias, os pedros, que não eram pedras, as carolinas... não viram ninguém. Sob as pontes construídas por pessoas não moravam humanos, repousavam coisas.

48 Dona Geralda agora é pessoa. Fez-se assim em luta que não se acaba. Dona Geralda não se fez pessoa--cidadã por responsabilidade da cidade, mas porque decidiu que o seu direito devia ser a fonte e o modelo de outros direitos de outros homens, que sobreviviam, mas não existiam dignamente. Fez-se pessoa--mulher do mundo, fez-se pessoa-sujeito de direitos livres para se impor e ser vista aos olhos dos outros, que, cegos de seus direitos, não viram que, se um único ser humano não for pessoa, inútil iludir-se da segurança de que qualquer outro o seja.

Dona Geralda agora é pessoa modelo. As crianças, pequenos restos de um mundo no qual o ser humano sobra pela desumanidade de tantos, são acolhidas em suas lutas, e recolhem-se como pessoas-crianças. Pessoas, assim, sem outro epíteto ou adjetivo como aqueles, tantas vezes ouvidos, de que não passavam de vadias.

Dona Geralda fez-se pessoa-poeta, a crer no ser humano sempre menino, o qual é sempre, antes de tudo, pessoa. À maneira de Roberto Medeiros, dona Geralda sabe que

"não há criança vadia,
esta que está a teus pés
é um anjo que Deus envia;
para mostrar-nos quem tu és."

ARTIGO 7º

Todos são iguais perante a lei e têm direito, sem qualquer distinção, a igual proteção da lei. Todos têm direito a igual proteção contra qualquer discriminação que viole a presente Declaração e contra qualquer incitamento a tal discriminação.

(Art. 3º, incisos I e III; art. 5º, caput, e incisos I, XLI, XLII, da Constituição do Brasil)

Meninos abraçados, 1945

INSEPARÁVEIS OS DOIS. Procurasse um, era saber onde andava o outro. Um branquelo, apelidado Louro, pelos seus cabelos, que, de tão claros, pareciam grisalhos no amanhecer da vida. Outro, negro, retinto, azulado de tão lindo, em sua face brilhosa. Chamaram-no Pérola. Inseparáveis os dois. Nas brincadeiras, nos banhos de cachoeira, brigavam um pelo outro quando terceiro estranhava qualquer deles. Nunca os viram distantes. Nunca de mal, sempre de bem. O bem da vida de amigo, que se sabe certo e eterno. Amor de amigo não se acaba.

Louro seguiu para o internato. Pérola foi para o curral. Virou camarada na fazenda grande.

Dia da volta, Louro era doutor e não podia mais ser chamado senão pelo título. Agora, mandava, dono de tudo que era.

Pérola esperou as ordens. Não se lembrou do amigo. Tinha de dar comida aos porcos.

Separados os dois. Excluídos um do outro. A amizade não se acabou. Esqueceu-se. A tristeza da vida não mudou. Revelou-se.

ARTIGO 8º

Todo ser humano tem direito a receber dos tribunais nacionais competentes remédio efetivo para os atos que violem os direitos fundamentais que lhe sejam reconhecidos pela Constituição ou pela lei.

(Art. 5º, incisos XXXV, LM, LIV e LV, da Constituição do Brasil)

Meninos com carneiro, 1959

JK NÃO ERA SIGLA. Nem abreviatura. Era monumento. Festejado pelo povo, querido pelos políticos, odiado pelos ditadores.

Um dia, ou uma noite, quem sabe, o bem votado JK foi cassado. Morreu sem saber por quê. Sabia, no entanto, para quê: para que a sua mordaça não caísse e permitisse ao povo ouvir a voz do líder. Ditador gosta é de silêncio...

ARTIGO 9º

Ninguém será arbitrariamente preso, detido ou exilado.

(Art. 5º, incisos XXXV, LIII, LIV, LV, LVI, LXI, LXII, LXV, da Constituição do Brasil)

Brodowski, 1942

MINHA TERRA NÃO TEM PALMEIRAS. Tem a minha alma e guarda-a enterrada e esperantada em seu solo, que, no meu sonho silenciosamente distante, abençoa minha lamúria cansada de não o ver. Não! Minha terra não tem palmeiras.

Tem os descampados das palmas de minhas mãos ansiosas e ocas do toque do amado proibidamente distante.

Minha terra, trago-a nos olhos com que a vi desde a aurora da minha vida, da minha luta até o luto do meu desterro.

Minha terra não tem palmeiras, mas tem a brisa que agora sinto no saber-me parte do todo a me fazer paisagem dos encantos de ser ali.

Não tem palmeiras a minha terra. Mas nas palmeiras que não há ouço cantar o bem-te-vi estridente, presente, renitente, que não me deixa esquecer, cada manhã, o aventureiro que desventurou a minha pátria. E me lembra que ainda espera, vazia, o dia de minha volta, filho pródigo de desejos de retornar.

62 Cerraram os troncos das palmeiras de minha terra, mas não mataram a semente da liberdade de ser seu povo. Por isso, ainda e sempre, quero a pátria que não se tem, que não me tem, que não tenho à mão, mas pela qual vivo em esperança do que ela é em meus sonhos-lembranças, e, mais, do que ela pode ser para todos os que foram acordados no sonhar.

ARTIGO 10º

Todo ser humano tem direito, em plena igualdade, a uma justa e pública audiência por parte de um tribunal independente e imparcial, para decidir de seus direitos e deveres ou do fundamento de qualquer acusação criminal contra ele.

(Art. 5º, incisos XXXV, XXXVII, LIII, LIV, LV, LX, da Constituição do Brasil)

Os inconfidentes, 1959

JÚRI É FESTA NO INTERIOR. Engalanados, homens e mulheres rumam ao fórum. Querem ver a Justiça. Hoje, ela vai falar. Os jurados, entre entediados e importantes, fazem pose de juízes. Naquele momento o são, efetivamente. Juízes apenas por algumas horas. Mas para sempre o terão sido.

Atrás de suas olheiras, o julgado. Réu. Palavra culpada. Os debates duram toda a tarde. Durante os discursos de acusação e de defesa, a multidão faz comício nos apertados corredores.

A cidadezinha fica importante em dia de júri. Não é um povoado, um lugarejo, porque nestes não há júri. Nem ao menos juiz. Já ali há júri. Significa que houve morte. Significa que há vida. A mão de Parca conhece os caminhos. Onde não há caminhos, não se ouve dela falar. Ou será que ela fala em silêncio?

Anoitecia quando o júri decidiu. O réu era inocente. A plateia vaia. O povo gosta de Justiça que crucifica. Sem sangue, não se sente o cheiro da morte, nem o gosto da vida.

A Justiça é o povo.

O júri acabou. O julgamento não.

ARTIGO 11

Todo ser humano acusado de um ato delituoso tem o direito de ser presumido inocente até que a sua culpabilidade tenha sido provada de acordo com a lei, em julgamento público no qual lhe tenham sido asseguradas todas as garantias necessárias a sua defesa. Ninguém poderá ser culpado por qualquer ação ou omissão que, no momento, não constituíam delito perante o direito nacional ou internacional. Também não será imposta pena mais forte do que aquela que, no momento da prática, era aplicável ao ato delituoso.

*(Art. 5º, incisos XL, XXXIX, LVII,
da Constituição do Brasil)*

Menino com gaiola, 1961

O REITOR VIAJOU A SERVIÇO. Seguiu, temeroso, para o estrangeiro. A situação em seu país era grave. Os atos, apelidados arbitrários e que podiam atingir qualquer um, sucediam-se. Procurara, antes, certificar-se de que viajaria sem sobressaltos. Fora tranquilizado. Não estava sendo investigado.

Deixou o país tranquilo.

Na alfândega soube que não mais era reitor da universidade pública. Nem poderia atuar como professor, profissional ou o que quer que fosse.

Era um estrangeiro em seu país e naquele no qual acabara de ingressar. Não tinha para onde seguir. Não tinha pátria para onde voltar. Tornara-se errante. Nunca chegou a saber por quê. Nunca mais chegou, tranquilo, a um lugar. Nunca saiu, tranquilo, de um lugar qualquer.

Não lhe tiraram o cargo legítimo. Tiraram-lhe a segurança justa.

Não quisera o cargo de volta. Quisera o direito de viver em paz. Morreu órfão dos seus dois desejos.

ARTIGO 12

Ninguém será sujeito a interferências na sua vida privada, na sua família, no seu lar ou na sua correspondência, nem a ataques a sua honra e reputação. Todo ser humano tem direito à proteção da lei contra tais interferências ou ataques.

(Art. 5º, incisos V e X, da Constituição do Brasil)

Meninos com balões, 1951

VIDA QUE SEGUE, MANSA. Cidade qualquer, homem qualquer, ninguém para atormentar. Nem é ele que levava a vida, ela é que o levava, serena.

Veio o outro, um dia desses. Nem pediu para opinar. Foi dando os seus palpites. O lugar precisava crescer. O outro dizia progredir. Falava bonito, obrigava demais.

Não é que quisesse mandar. O que queria, afirmava, era colaborar com todos. Pobres, quietos, nem achavam que precisavam de tanto mando.

Vida foi ficando complicada. Para cada pescaria, precisava licença. Para cada colheita, precisava autorização. Antes, a companheira era a liberdade.

Depois, liberdade ficou rara. Ficou até cara. Cada passo e precisava quitação primeiro.

76 Antes, a praça era do povo. Depois, passou a ser da prefeitura. O povo não tinha mais lugar. O prédio era grande. Derrubaram as árvores, pisaram nas flores, quebraram os canteiros.

Ele começou a falar do desgosto. Mas a palavra passou a depender de anuência. Em silêncio, o desgosto continuou. Os caminhos se estreitaram. As flores deixaram de nascer. Os canteiros viraram guichês.

Ele ficava em casa. Os peixes tinham mando; as árvores, comando; as liberdades, vítimas de desmandos.

Um dia, tiraram-lhe a casa. Não pagara a sua liberdade. Não havia com que pagar o que pensava ser a sua segurança.

ARTIGO 13

I) Todo ser humano tem direito à liberdade de locomoção e residência dentro das fronteiras de cada Estado.

II) Todo ser humano tem o direito de deixar qualquer país, inclusive o próprio, e a este regressar.

(Art. 5°, incisos XV e LXVIII, da Constituição do Brasil)

As moças de Arcozelo, 1940

CIGANEI A VIDA INTEIRA. Agora sou velha cigana. Meus pés não foram paixão descuidada. Botar o pé na estrada foi primeiro meu desejo. Vontade primeira, mesmo. Depois, descobri que eu era a própria estrada. Gentes passando por mim, palavras minhas olhando em tantos olhos.

Não conheci fronteiras. Vi iguais homens e mulheres falando, guerreando, sofrendo, se alegrando. Vi nascimentos e mortes que não sucumbiram sobre linhas fixadas, porque a vida e a morte não conhecem balizas ou medidas.

Agora, cigano quieta. Tempos demais de andanças, mas a certeza de que os pés param, os caminhos seguem. Vida-caminhante a levar a estrada em todas as almas.

Pediram-me o nome. Disse-me vereda.

É o nome do mundo. Homem e mulher nascem para o caminho. Fazem o caminho. São o caminho, como pregado dois mil anos antes. Senda sem fim, que o ser humano não se acaba.

82 Cigana de destino, mulher de natureza.

A estrada na alma. O pé na estrada, que o ser humano só é estático na morte. Em vida, é andejo. Quando não caminha, anda. Em sonhos, em figuras, em lembranças. Até quando esquece, viaja. Pelo seu passado que foi, pelo seu futuro que não foi. Em lugares aonde foi. Em lugares aonde poderia ter ido.

Gente é ser errante. Para tentar acertar sua alma, erra seu corpo. Se fosse para ser parado, não teria duas pernas e pés para um mesmo e sempre caminho. Gente é do mundo, não se sabe em confins. Fronteiras, nem as aceita por dentro, que dirá por fora...

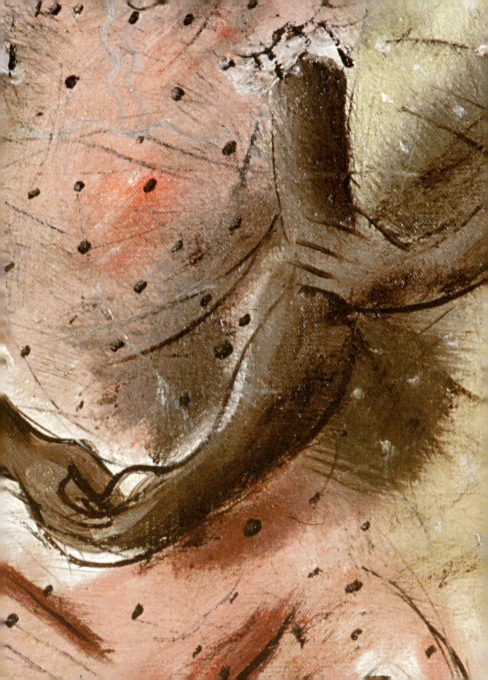

ARTIGO 14

I) Todo ser humano, vítima de perseguição, tem o direito de procurar e de gozar asilo em outros países.

II) Este direito não pode ser invocado em casos de perseguição legitimamente motivada por crimes de direito comum ou por atos contrários aos objetivos e princípios das Nações Unidas.

(Art. 4º, inciso X, da Constituição do Brasil)

Menino com carneiro, 1954

ASILAR-SE É ISOLAR-SE. Pessoa alguma asila-se porque quer. Asila-se porque tem de. O mundo estranha o ser e, de repente, pelo menos ao que lhe parece, vê-se forasteiro de si. Falou o que não era para ser ouvido. Mas sentir, querer, poder não é para, livremente, falar? Libertou-se. Quando liberdade não se respirava.

O asilo dá espaço a quem falta o ar da liberdade, quando ainda não se perdeu a esperança.

Asilo não é acaso de sonhos. É tempo de espera quando silêncio é o que se ouve. Sempre a intenção assomará à expressão do gesto e a política será construída no átrio público do calor das vozes.

Asilo é garantia do direito à vida digna. Se não der para ser feliz em casa, o mundo é grande para se construir arrimo em outro ponto.

O coração do mundo é grande; ditador nem tem coração. Se o tivesse, ditador não seria.

Asilo é atalho contra desmandos de ditadura. Que não se explica, não se tolera, não se exprime. Sobrevive-se a ela e para tanto é que o ser humano precisa da garantia do espaço. Para respirar, quando lhe falta ar; para falar, quando está amordaçado; para sobreviver, quando o risco é de sucumbir, o ser humano tem o direito de ser acolhido por outro povo.

Ditadura não tem condescendência. Não tem ao menos caridade.

Mas a vida é mais importante que os algozes. A dignidade é essencial em contraponto à sordidez política.

É pela solidariedade que abriga que o direito ao asilo político se impõe.

A pessoa se move. Vida pede movimento. Às vezes, requer mudanças, nem sempre quando se queria, mas, às vezes, porque se precisa.

As águas traduzem caminhos novos que rumam em direção à segurança de vida nova, sempre possível.

Afinal, navegar é preciso, viver...

ARTIGO 15

I) Todo ser humano tem direito a uma nacionalidade.

II) Ninguém será arbitrariamente privado de sua nacionalidade, nem do direito de mudar de nacionalidade.

(Art. 5º, inciso LI, e art. 12, da Constituição do Brasil)

Arrozal, 1947

NÔMADE, O SER HUMANO quer partir com a certeza de que há para onde retornar. Ninguém parte em paz sem saber da opção do caminho de volta.

O sentimento, que antecedeu o gesto, que antecedeu a linguagem, criou laços que centraram o afeto mais que as fronteiras das pessoas.

Não importa de onde se vem; importa mais para onde se pode vir. É a certeza da chegada que dá ao ser humano a alegria da partida. Porque a volta não marca de onde se parte, mas de onde se é.

O meteco anda a esmo, sabendo-se de parte alguma. Órfão do mundo, erra como quem nunca chegou. Sem pouso ou repouso que lhe seja seu, adia a volta do nunca ido. Não há caminhos, somente atalhos que não deixam traços para o retorno.

O mundo faz-se labirinto convertido em túnel que nunca se acaba.

O ser humano não é solidão, é solidariedade.

94   O que se afina se alia. A Justiça faz-se pelo vínculo, não pelo desato, que ela não é desatino. A Justiça que se pratica para todos em praça política é nação. Nação inclui e irmana, acolhe em abraço de montanhas e cidades o que os ares e os mares espalham para reunir depois em idéias e atos.

Todo ser humano tem direito de integrar a família humana como seu membro, acomodando-se a uma nacionalidade que lhe seja coerente com os ideais.

Com o outro, a vida é melhor.

ARTIGO 16

I) Os homens e mulheres com maioridade, sem qualquer restrição de raça, nacionalidade ou religião, têm o direito de contrair matrimônio e fundar uma família. Gozam de iguais direitos em relação ao casamento, sua duração e sua dissolução.

II) O casamento não será válido senão com o livre e pleno consentimento dos nubentes.

III) A família é o núcleo natural e fundamental da sociedade e tem direito à proteção da sociedade e do Estado.

(Art. 226, da Constituição do Brasil; arts. 1.511 a 1.513 e segs. do Código Civil brasileiro de 2002)

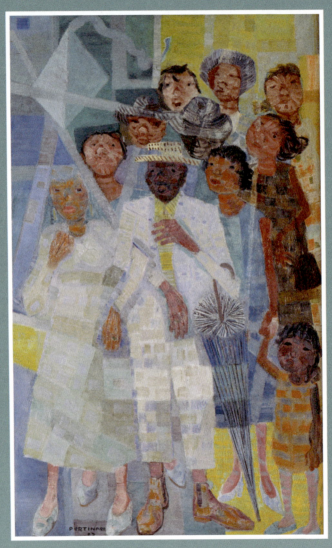

Casamento na roça, 1957

MULHER NUNCA SE IGUALAVA ao homem na família. A família era dele. Apegava-se a ela o sobrenome do homem, cabendo à mulher submeter-se, mudar o próprio nome, a significar tanto que deixava de ser o que fora para vir a ser o que era o marido.

Mulher brasileira era (e, em grande parte, ainda é) de alguém. O homem é a sua referência: Maria de João, Chica do Zé, Ana do Silva... Não tem fim a lista das mulheres de alguém. Primeiro, a referência é o pai, depois, o marido. Mas havia (e, socialmente, ainda há) sempre o apêndice do nome masculino que legitimava a mulher.

Mulher, antes, nem sequer consentia na escolha do marido. Se nem ao menos podia consentir, como consentir no que era da essência do que viria a ser a sua existência a partir do casamento? Combinava-se o casamento entre os pais dos noivos, cabendo à mulher ser cabide de véu e grinalda em data e hora marcadas também pelos outros.

100

A mulher-silêncio, que por não pensar, não querer, não expressar não passava de objeto, retira a mordaça, modernamente.

Quer ser sujeito, e não apenas no papel, onde lhe permitem ser titular do próprio nome, que antes nem ao menos isso tinha. Mas ainda não se garante a palavra livre, porque há que ter modos. Quais? Os que lhe foram definidos segundo papéis postos numa sociedade formada segundo o olhar masculino.

Tinha o homem o pátrio poder, que não exercia apenas sobre os filhos, senão que soberanamente sobre a esposa. Principalmente sobre esta. Esposa não cresce, acomoda-se; não voa, como os filhos, acostuma-se, como as pedras.

Família é essência; ser livre é essencial. Por isso, não basta que a família seja constituída, como garantida, mas respeitados os direitos fundamentais de todos os seus membros, sem que haja uma hierarquia firmada em mando, poder incontrastável e incomensurável do homem sobre a mulher e os filhos.

Família é encontro, não é sujeição; é abrigo, não é cárcere. O único elo que garante a sua manutenção é o do afeto, que não se impõe, porque nasce da liberdade do bem-querer.

ARTIGO 17

I) Todo ser humano tem direito à propriedade, só ou em sociedade com outros.

II) Ninguém será arbitrariamente privado de sua propriedade.

(Arts. 5º, XXII, XXIII, XXIV e XXVI; 170, II e III; arts. 182 a 186, da Constituição do Brasil; arts. 1.228 e segs. do Código Civil brasileiro de 2002)

Favela, 1957

SÓ QUERIA TER UM PALMO DE CHÃO de seu. Tudo o mais era demasia. Não tinha vaidades de coisas. Tinha coisas, umas poucas, mas não lhes tinha gosto. Tinha delas precisão.

Mas o que queria mesmo era ter um palmo de seu. Ver brotar folhas tenras, ainda no verdor meio branqueado, apenas para depois tocar o fruto. E reparti-lo. Não era de muito comer. Mas precisava para os filhos o de comer. Não podia abençoar filhos com fome. Não fizera filhos de fome. Fizera-se de sua vontade-esperança de que fossem bem ser. Culpava-se da fome que via grassar nos canaviais que lhe surgiam de lado de lá das cercas atrás da estrada. Não queria o que não era seu. Mas precisava um palmo de seu. Era pouco para fazer nascer.

Nascer os grãos que morrem em pão de amanhã a calar a fome desde ontem. Fazer nascer o trigo que povoa o mundo de apetites a calar a míngua que dói a dor da penúria e falta plantada em léguas sem fim de posses sem uso ou com abuso — o da exploração de um ser humano por outro.

106 A propriedade garantida como direito é a que sacia a carência, satisfaz a necessidade, produz a fartura, que se partilha em fraternidade o pão nosso de cada dia. É a humanidade que se materializa sem perder a espiritualidade. Aquela come, esta agradece; aquela se compraz, esta se revela; aquela se sacia, esta se amplia.

ARTIGO 18

Todo ser humano tem direito à liberdade de pensamento, consciência e religião; este direito inclui a liberdade de mudar de religião ou crença e a liberdade de manifestar essa religião ou crença, pelo ensino, pela prática, pelo culto e pela observância, isolada ou coletivamente, em público ou em particular.

(Art. 3º, inciso I; art. 5º, inciso IV; VI, da Constituição do Brasil)

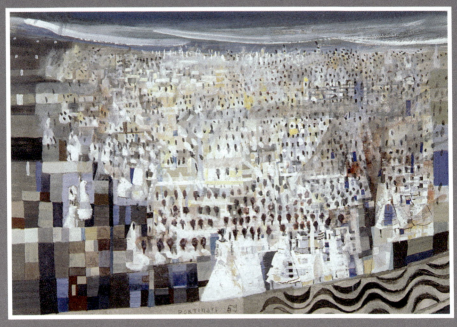
Festa de Iemanjá, 1959

AS PESSOAS NÃO NASCEM seres livres. Nascem libertos. Sem mando, nem comando, sem senhores.

As pessoas vivem libertas em busca da liberdade. Somos, homens e mulheres, viventes da liberdade e da libertação.

A liberdade é um tornar-se, inspirado no signo do humanismo, essência dos homens e das mulheres. As pessoas tornam-se livres porque a liberdade marca a sua existência como o fogo que traduz o espírito da vida e a aventura do viver.

A liberdade é do espírito humano. Acompanha a pessoa desde o seu nascimento. De seres libertos a homens livres, há uma construção pessoal e social a se plantar no coração da humanidade e torná-la condizente com o espírito que domina as gentes e deve presidir as suas relações.

112 Liberdade não é um conceito, é um viver. Liberdade não tem definição, tem asas. Não há uma expressão da liberdade, porque a liberdade é inexpressa. Não tem uma forma, é a ausência mesma de formas que lhe sejam postas e impostas por contingências externas.

Crente ou ateu, o ser humano transe ao pensar. E pensa em transe. Não como um compromisso, mas como a falta de comprometimento que não seja apenas com a liberdade de viver e de mudar, como é próprio da vida. Não se fixa numa única ideia por obrigação externa ou que lhe seja imposta. Crê-se deus, crê em Deus ou não crê em si mesmo ou em qualquer Poder, mas, de qualquer forma e sempre, é livre em sua crença e em sua descrença.

A liberdade individual é a base da solidariedade social. **113**
Não fosse livre o ser humano para se vincular aos seus próximos, aos seus iguais e aos seus desiguais e não se vincularia, antes, sempre se imporia ou se submeteria aos demais. Mas, por serem livres e iguais em sua humana condição, as pessoas aliam-se, afinam-se, ajustam-se, unem e reúnem-se para se fortalecerem com os outros sem deixar de ser livres.

Não se conhece a liberdade; sente-se e vive-se ela e com ela para se dar a ser humano em plenitude. Ela é quase um sentimento, uma paixão entranhada na essência do humano, guardada em sua individualidade e exposta em sua socialidade. Não se lhe conhece o conceito, mas sente-se plenamente o seu entendimento.

Liberdade é o humano em movimento na direção do outro, com ele formando o laço da vivência dignificada pela trajetória do ser com os seus iguais e os seus diferentes, todos irmanados na humanidade das pessoas.

ARTIGO 19

Todo ser humano tem direito à liberdade de opinião e expressão; este direito inclui a liberdade de, sem interferências, ter opiniões e de procurar, receber e transmitir informações e ideias por quaisquer meios, independentemente de fronteiras.

(Art. 5º, incisos IX, XII; XXXIV, LXXII; art. 206, II; art. 220 e §§ 1º e 2º, todos da Constituição do Brasil)

Mulher de vestido branco, 1936

PENSAVA QUE PENSAVA. Depois descobriu que o seu pensar secundava o marido. Quando não coincidia o seu com o pensamento dele, olhava torto. Nas reuniões sociais, apresentava-a: minha patroa. Não era sequer pensante, como poderia imaginar-se patroa? De quem, se nem ao menos mandava no próprio pensar?

Começou a fingir. Ensaiou pensamentos duplos. O primeiro era o seu, o que lhe ia no espírito e no intelecto. O segundo era o que afirmaria, por ser o dele. Teatralizava ideias. Precisava ensaiar para ser livre. Podia fingir palavras. Mas, então, saberia o que era o seu pensar. Não lhe cederia a alma, apenas a face, na qual se ocultaria o seu pensar livre e inestancavelmente transbordante de ideias. O dia que se descobriu pensante foi de libertação. Pois que, então, podia sentir diferente dos outros. E mais: expor o seu sentimento em ideias. Também diferentemente dos outros. Antes, impusera-lhe o pai as próprias ideias. A elas caberia o seu abanar a cabeça em pleno consentimento. Depois fora o marido: minha patroa concorda. Matavam-lhe as ideias para viver segundo os ditames dos outros. Em sinal de aquiescência, aquiescia também que não pensava.

118 Naquele dia, resolveu matar as ordens. Não que lhe fosse ainda garantido o direito à liberdade de opinião. Mas sabia-o ela, que tinha opinião. O dia de expressá-las? Aguardaria. Mas um dia o marido exigiu-lhe a expressão do voto. O compadre seria candidato. A patroa, como todos da casa, descarregaria os votos no eleito pelo chefe da casa. Não gostava do compadre do marido. Pensou em apenas votar segundo a sua escolha. Tinha escolha. Depois resolveu expressar o seu voto. Era ser livre, vivente plena. O marido, estupefato. Com que então, minha patroa, ousas pensar diferente!!! Pensar. Não entende que isso é coisa de homem. A patroa encalhou na ideia. Preferia o adversário político. O marido esbravejou. Depois, relutou. Emudeceu de espanto e contrariedade. Jamais imaginara! Agora, além de tudo, quer pensar...

A mulher não cedeu. Descobriu-se livre. Mais: descobriu-se ser. A liberdade vinha dessa contingência. O ser é livre por ser uno, ser em si, ainda que com o outro. Mas só se é com o outro quem tem ciência de ser.

Arrumou-se para ir votar como quem se prepara para uma festa. E era. A festa de sua libertação. O marido também estranhou a roupa domingueira. Não ia comemorar Deus. Pensou para si (também tanto aprendera, podia pensar e agir segundo o seu pensar, sem fazer comício do seu pensamento, tão certo era ele): no fundo comemoro o Deus que habita em mim e me fez ver-me livre entre tantas cadeias brancas.

ARTIGO 20

I) Todo ser humano tem direito à liberdade de reunião e associação pacíficas.

II) Ninguém pode ser obrigado a fazer parte de uma associação.

(Art. 5°, incisos XVI a XXI, da Constituição do Brasil)

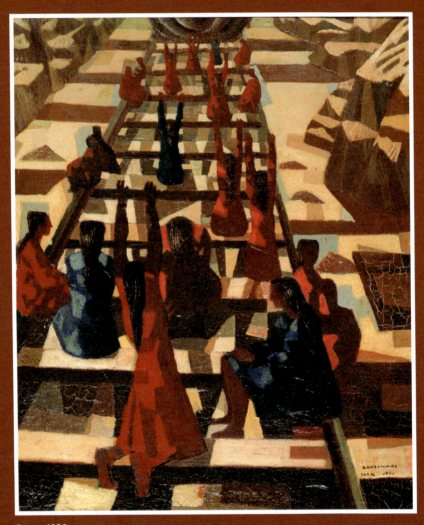

Greve, 1950

A SOLIDÃO É FRÁGIL. Mesmo forte o ser humano, a solidão o deixa quieto, quando é o movimento marca singular de sua existência. Por isso os homens reúnem-se, associam-se, ensaiam ciranda. É que a ciranda é perfeita mesmo quando o amor é imperfeito. O amor de homens e mulheres enlaça-os na estreita roda da vida. Quem fica de fora é a margem. Por isso a vida não é rio, pode ter muitas margens. Todo mundo quer ser caminho. Navegar é preciso. A vida é de imprecisos. Há que se ter braços a remar, porque é necessário seguir. Há os que virão. Não se pode parar em meio à correnteza da existência.

As reuniões firmam braços em profusão a tornar fortes o que são fragilidades dos humanos.

Sócios no mistério de um viver sempre desigual, os humanos igualam-se em suas afinidades, afirmam-se no que os aproxima e solidarizam-se no que os distingue.

124 Idênticos em sua humanidade, os indivíduos desigualam-se em suas expressões humanas do viver. Mas reúnem-se pelo que se define como a sua essência e inspiram-se na possibilidade do viver diferente que enriquece a aventura de ser com o outro.

A solidão é direito quando a quietude é do momento. A reunião é livre quando o movimento é da hora. Ser humano não se movimenta só, faz-se ação com o outro. Mas afirma-se em sua inteireza pela certeza de si, o que se acerta na fecundidade do seu silêncio e isolamento. Quem não se ouve perde-se em sua divina constância de ser. Quem não ouve o outro desencontra-se em sua solidão de não viver.

Reunião é momento, associação é instante, encontrar-se consigo e com os outros é de todos os tempos.

ARTIGO 21

I) Todo ser humano tem o direito de tomar parte no governo de seu país diretamente ou por intermédio de representantes livremente escolhidos.

II) Todo ser humano tem igual direito de acesso ao serviço público do seu país.

III) A vontade do povo será a base da autoridade do governo; esta vontade será expressa em eleições periódicas e legítimas, por sufrágio universal, por voto secreto ou processo equivalente que assegure a liberdade de voto.

(Art. 1º, parágrafo único; art. 14, art. 15 e art. 37, incisos II e III, todos da Constituição do Brasil)

Cidade, 1959

CONCURSO PÚBLICO É GUERRA. Guerra social, civilizada, competição bem fundamentada, mas luta que afirma os classificados ao final. Todos os aprovados ingressam numa estrutura de poder estatal, para o qual o servir é mais que o lema, é o emblema.

O voto, o concurso, o ingresso nos cargos públicos comprovam apenas que o titular do poder não é quem o exerce. O exercício é uma expressão ínfima, condicionada, limitada do poder que se titulariza pelo povo.

Um como outro marcam as formas de todos poderem aceder às estruturas de poder, conquanto por elas se afirmem valores que, individualmente, pouco valem.

Mas qualquer dos instrumentos demonstra que a pátria firma o ser humano em sua terra como compromisso não apenas com o seu presente, mas com o seu futuro. Sim, porque é do futuro que aqui se cuida, ao permitir a participação de todos nos rumos a serem tomados pela pátria. Que será a dos que vierem depois, com o mesmo sangue dos seus ascendentes, a pisar a mesma terra na qual plantaram as sementes de suas esperanças, de suas frustrações e de suas glórias.

130 O local que se afirma para a glória do global é que pode fazer da humana experiência universal. Por isso mesmo, o ser humano faz-se da cidade — cidadão — para construir a sua aldeia e, a partir dela, dar-se a ser universal. E a pólis faz-se a cidade de sua gente, constrói-se pelo seu cidadão para dele e nele dar-se a construir-se como mundo de justiça segundo a ideia fundadora, formadora e transformadora de justiça que cada grupo humano ostenta e segundo a qual dá-se a buscar ser feliz.

Gente pensa e quer a Justiça para que viva e conviva segundo uma qualidade de relações que tracem e retracem um caminhar de plenitude no outro sem percalços em si. A cidade é o risco que o ser humano faz na história. O seu escrito é só uma letra. Sem ela não há a palavra humanidade presente, menos ainda a frase futura.

ARTIGO 22

Todo ser humano, como membro da sociedade, tem direito à segurança social e à realização, pelo esforço nacional, pela cooperação internacional e de acordo com a organização e recursos de cada Estado, dos direitos econômicos, sociais e culturais indispensáveis à sua dignidade e ao livre desenvolvimento de sua personalidade.

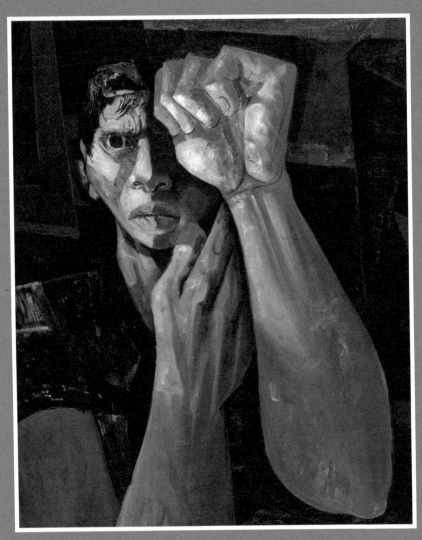

Operário, 1947

A FOME É INDIGNA. E cultura não é luxo. Todo ser humano tem o direito de assegurar-se do quanto socialmente seja a riqueza da humanidade. A cultura humana cumpre uma função para todos os seres humanos, não podendo ser privilégio, menos ainda de alguns poucos. A ignorância é crime produzido socialmente contra os mais carentes, incluídos os economicamente, sendo certo que ela cumpre um papel para a manutenção de estado que os privilegiados não querem mudar.

A incerteza é do viver humano. A segurança é do existir das gentes. Medrosas quanto ao seu destino, as pessoas buscam cercar-se de coisas. As coisas, por serem inertes, dão-se a saber certas em sua essência, em seus lugares, em seu conhecer. Ser humano quer a ilusão da segurança, que, se individualmente é impossível, socialmente é não apenas desejável, como factível.

136 O maravilhamento do lançar-se humano a cada dia em novas experiências não se faz senão pela segurança social que a cidade oferece de pôr-se como uma rede de proteção a facultar-lhe a queda, porque os seus direitos estão assegurados. O ser humano lança-se sabendo, se não de si, dos outros.

Por isso, os direitos econômicos e sociais são fundamentais. São eles que sustentam as condições humanas que permitem o seu lançar-se ao encontro de sua personalidade, de sua vocação, de seus incertos pendores.

Não são fáceis as conquistas desses direitos. Não o foram pelas sociedades, não o são pelos indivíduos. São apenas imprescindíveis. Sem os direitos certos pelo momento incerto, não há como enfrentar os dilemas sociais que a vida põe e sobre os quais nem sempre o ser humano pode dispor a seu talante e vontade.

A sociedade tem deveres com as pessoas. Forma-se ela para que os direitos de todos se afirmem sobranceiros e efetivos. Não se cuida de uma humanidade dividida, na qual uns teriam todas as conquistas que os outros desejariam vir um dia a ter. Cuida-se de direitos fundamentais, igualmente garantidos para todos os homens e mulheres do planeta. Cada ser humano integra a humanidade, sendo seu credor e seu devedor, como membro de sociedade que não habita nem se esconde em fronteiras, mas que coabita e se enlaça em suas larguezas humanas.

Os direitos sociais são devidos pelas sociedades a todas as pessoas. Qualquer exclusão é desumana, antes mesmo de ser antijurídica. A negação dos direitos individuais desumaniza; a negação dos direitos sociais exclui da humana experiência de membro da sociedade os que têm os seus direitos renegados.

ARTIGO 23

I) Todo ser humano tem direito ao trabalho, à livre escolha de emprego, a condições justas e favoráveis de trabalho e à proteção contra o desemprego.

II) Todo ser humano, sem qualquer distinção, tem direito a igual remuneração por igual trabalho.

III) Todo ser humano que trabalha tem direito a uma remuneração justa e satisfatória, que lhe assegure, assim como a sua família, uma existência compatível com a dignidade humana, e a que se acrescentarão, se necessário, outros meios de proteção social.

IV) Todo ser humano tem direito a organizar sindicatos e a neles ingressar para proteção de seus interesses.

(Arts. 6º, 7º, 8º; art. 170, VIII; art. 193, todos da Constituição do Brasil)

Algodão, 1938

TRABALHO É DIREITO. Por ele o ser humano realiza o seu desenvolvimento, enfatizando a sua personalidade, que opera pela criação de suas obras. Quanto mais justa a sociedade, mais em condições de escolha se põe o trabalho para os seus membros.

O trabalho pode ser uma das expressões criativas mais nobres do ser humano, pelo que ele é uma imposição das necessidades humanas e uma possibilidade de alargamento das fronteiras do humano.

A sociedade contemporânea enfatiza as máquinas. A máquina engole o ser humano buscando pôr-se em seu lugar, principalmente no trabalho. A coisificação é imprópria da experiência humana. A vingança das máquinas contra os seres humanos dá-se pelo desemprego provocado pela substituição destes por elas, o que, em grande parte, se dá na modernidade mais que em qualquer outro período da história.

Mas o trabalho humano ainda e sempre é insubstituível, até mesmo porque máquinas são criadas, e a criatura não substitui o criador.

142 Ademais, as máquinas são para o mercado; o trabalho é para a vida. Mercado de trabalho não põe o humano como mercadoria, senão como mercador. O que é mercadoria é a máquina.

A dignidade é do ser humano, às máquinas cabendo o lugar das coisas que são servíveis às pessoas. Máquina é para. Pessoa é ser.

A sociedade deve ao ser humano o espaço para produzir o seu trabalho e patrocinar a sua própria dignidade. Ninguém é digno sem condições de autossuficiência. E o trabalho dota o ser humano de condições para se dignificar produzindo segundo a sua vocação, segundo as pendências de sua personalidade. Sem ter como dignificar-se não há como a pessoa humanizar-se plenamente, alargando os traços de sua personalidade que podem contribuir para se desenvolver individual e socialmente.

É por isso que o trabalho não pode se constituir apenas num dever social, mas num direito social, que se agregam os trabalhadores em sindicatos que garantem os direitos das classes trabalhadoras, de forma organizada. Isolados, os trabalhadores são seres tantas vezes indefesos em luta pelos seus interesses; sindicalizados, são homens e mulheres articulados em busca de seus direitos e das melhores condições de prestação de serviços à sociedade. Somente assim, as reuniões sociais, desde as primárias como as famílias e as comunidades, agregam-se em alianças que se sabem dignificantes em benefício de todos, e não apenas em busca de interesses particulares.

ARTIGO 24

Todo ser humano tem direito a repouso e lazer, inclusive à limitação razoável das horas de trabalho e a férias remuneradas periódicas.

(Art. 7º, incisos XIII a XVII, da Constituição do Brasil)

Rede, 1955

DE PRIMEIRO, O ÓCIO ERA PREGUIÇA. E preguiça era pecado. Depois, os trabalhadores conquistaram o direito de não pecar. Direito de ter o repouso e nele fazer qualquer coisa. Incluído o direito de não fazer alguma coisa.

De primeiro, o não fazer era incompetência. Competência media-se pelo fazer sem parar. Depois, os trabalhadores conquistaram o direito de fazer algo por algum tempo e descansar.

Se até Deus descansou, era o dito, por que eu tenho de trabalhar sem parar? — perguntavam-se.

Como o movimento faz parte do fazer, a quietude impera para o não fazer que prepara nova fase criativa.

O ser humano-trabalhador fez-se sujeito de seus direitos. O de fazer, de trabalhar e o de não fazer, que é correlato ao trabalho. Trabalho não é escravidão, é direito-dever social.

148 O repouso é do trabalho. Quem não trabalha não repousa, acomoda-se. Quem não repousa não trabalha, exaure-se.

O repouso está para o trabalho como forma de acomodação para a reconquista de forças necessárias para o bom desempenho. Humanos não são máquinas a operar sem descanso, como se pudessem, incessantemente, prosseguir sem folga, como se não tivessem vida a viver.

O repouso dá o tempo necessário para se cuidar da vida. Para se pensar na vida. Para se curtir a vida. Para se querer viver. Sem sossego, sem pensar na vida, mas tomado de cuidados com o trabalho, o ser humano não tem tempo para si; faz-se objeto misturado às coisas.

Desde sempre o repouso é tido como necessário. É a Bíblia a registrar que Deus descansou no sétimo dia. E, como deuses não somos, precisamos de descanso. Não apenas no sétimo, mas em interstícios no meio da semana.

O ser humano precisa trabalhar e parar para o repouso após algumas horas, para se refazer, física e espiritualmente, para a sequência dos trabalhos que se apresentam.

O exemplo da divindade que para e prossegue é para o ser humano a melhor lição do exercício e respeito às suas limitações. Para ser melhor e mais humano, é preciso saber lidar com o ensinamento do supra-humano. O repouso é o direito que assegura a qualidade do trabalhar e o prosseguir no desempenho. Não é preguiça, é descanso; não é renúncia ao trabalho, é reforço para o prosseguimento no trabalho.

ARTIGO 25

I) Todo ser humano tem direito a um padrão de vida capaz de assegurar a si e a sua família saúde e bem-estar, inclusive alimentação, vestuário, habitação, cuidados médicos e os serviços sociais indispensáveis, e direito à segurança em caso de desemprego, doença, invalidez, viuvez, velhice ou outros casos de perda de meios de subsistência em circunstâncias fora de seu controle.

II) A maternidade e a infância têm direito a cuidados e assistência especiais. Todas as crianças, nascidas dentro ou fora do matrimônio, gozarão da mesma proteção social.

(Art. 7º, arts. 194 a 197; art. 201; art. 203; todos da Constituição do Brasil)

Mulher e criança, 1938

A PESSOA NÃO PODE VIVER sem um padrão de vida que lhe assegure condições para que as suas necessidades materiais, intelectuais, psicológicas sejam atendidas.

Pensando não ser a pessoa ser isolado, mas que convive familiarmente, figura-se entre os direitos fundamentais aquele que se refere ao necessário para que a pessoa viva bem com os seus.

A pessoa fragiliza-se, especialmente em fases de doença, velhice, pelo que também para tais inseguranças cuidou-se de lhe reconhecer titularizar-se como direitos sociais que cubram suas carências e permita superar as deficiências do humano viver.

154 Principalmente, o nascer e o crescer humanos foram tidos como direitos que demandam olhares e cuidados especiais. São momentos mais densos e frágeis, ao mesmo tempo, para o que a sociedade precisa tecer cuidados que sejam coerentes com a tessitura da vida.

Viver é difícil, mais ainda em alguns instantes dessa experiência. Difícil é supor que se pode prescindir da estrutura social que supre as dificuldades e ajuda a transcender as fragilidades com um sistema social de engajamentos do quanto se faça necessário.

As duas pontas extremas da vida, nascer e começar a viver e pender para o final da aventura humana, são momentos de maior tensão e menor pressão, pelo que a sociedade deve prover as necessidades segundo as contingências carentes dessas fases da vida.

A criança representa, como é óbvio, o futuro. Não tem responsabilidade pelo passado, não sabe pôr-se, ainda, em perspectivas para o futuro. Há que fazer garantir o seu presente, para que ela assegure o tempo que virá depois em condições de sustentar os sonhos dos seus antepassados e as esperanças dos seus filhos. Não há criança culpada, não há futuro sem a criança.

O mundo não conhece a fantasia das pessoas do amanhã. Mas bem se sabe que um dia todos imaginam um mundo de justiça. A criança de hoje permite ao adulto do futuro a lembrança permanente do que foi ontem e do que poderá ser o mundo amanhã.

ARTIGO 26

I) Todo ser humano tem direito à educação. A educação será gratuita, pelo menos nos graus elementares e fundamentais. A instrução elementar será obrigatória. A educação técnico-profissional será acessível a todos, bem como a instrução superior, esta baseada no mérito.

II) A educação será orientada no sentido do pleno desenvolvimento da personalidade humana e do fortalecimento do respeito pelos direitos humanos e pelas liberdades fundamentais. A instrução promoverá a compreensão, a tolerância e amizade entre todas as nações e grupos raciais ou religiosos, e coadjuvará as atividades das Nações Unidas em prol da manutenção da paz.

III) Os pais têm prioridade de direito na escolha do tipo de educação que será ministrada a seus filhos.

(Art. 7º, arts. 205 a 208; arts. 210 a 211; arts. 213 e 214, todos da Constituição do Brasil)

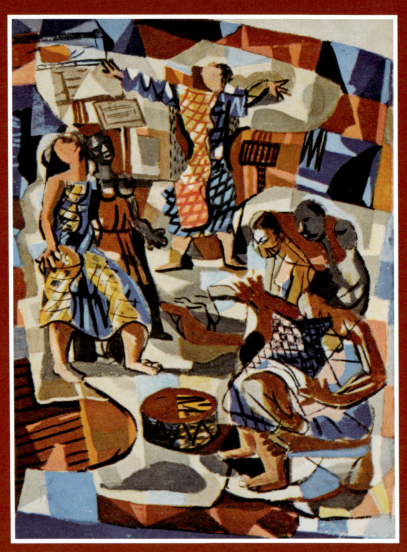

Escola, 1939

CEGO DAS PALAVRAS ESCRITAS. Assim ele se sentia. Via coisas. As letras eram-lhe sinais insignificantes. A casa branca, chamada escola, fora-lhe fechada. Passara pela vida sem atravessar aquela soleira bendita. Cego das letras, era um artista com um pincel. Não sabia de onde lhe brotavam os desenhos. Vinham-lhe da alma carente de escritos. Invejava os olhos letrados. Que os seus desenxergavam composições de letras como desenhos indecifrados.

Os dedos deslizavam sobre as letras como se ele pudesse, do sentir ameno dos papéis, beber palavras que no seu sangue se convertessem no significante que lhe escapava pelos olhos.

Aprendera a viver, quase fora feliz. Escapavam-lhe as letras com que sonhava desde sempre. Vira crianças em uniformes, quando criança desinformizada supusera não ser do mundo a escola. Vira mulheres e homens com jornais a abrir-se em mundo suas ideias lidas e revistas a partir de palavras que bebiam em bares.

160 Não sabia o que não vira em palavras escritas, mas o seu pincel não deslizava além dos céus interiores, porque sonhara alfabetos e acordara, sempre, desconhecido de vogais e consoantes.

O ser humano não se completa sem a linguagem escrita. Porque a sua liberdade ficaria restrita pela carência de uma das formas de expressão mais completas que é a linguagem que se põe nas letras.

O ser humano expõe suas ideias pelas palavras e perpetua-as em seus escritos. Ser da cidade, somente se faz cidadão pela integração ao processo de libertação por todas as formas possíveis de fazer-se ouvir e poder compreender o outro.

O analfabeto nunca o é somente dos escritos, senão que, principalmente, analfabeto político. Educar e instruir são comportamentos políticos que se põem por opção da cidade.

Sem as letras em sua compreensão, o mundo que ele compreendia fazia-se menor. A sua cegueira punha-o próximo das coisas e afastado dos outros humanos. Podia desenhar sua alma, não a podia fazer falar. Não era apenas cego, era também mudo às pessoas. Não porque não as fizesse ouvir os seus gritos e sonhos, mas porque não podia narrar-lhes os sussurros.

ARTIGO 27

I) Todo ser humano tem o direito de participar livremente da vida cultural da comunidade, de fruir as artes e de participar do progresso científico e de fruir de seus benefícios.

II) Todo ser humano tem direito à proteção dos interesses morais e materiais decorrentes de qualquer produção científica, literária ou artística da qual seja autor.

(Arts. 215 e 216 da Constituição do Brasil)

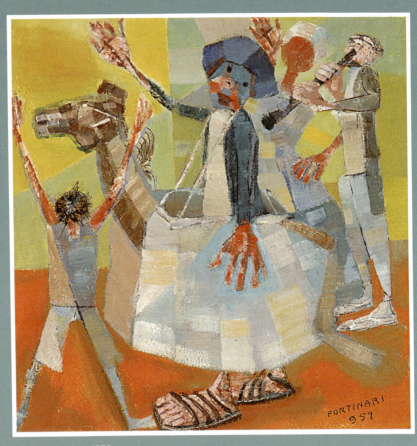

Bumba-meu-boi, 1959

DE PALÁCIOS OU DE MANSARDAS, no bombado do batuque, na cultura do povo, todo ser humano é rei. A cultura tira o ser humano de sua pobre contingência humana e remete-o ao esplendor das mais ricas manifestações de que é capaz. Faz brotar de sua alma toda a explosão da criatividade que se expõe ao mundo como forma de libertar-se dos acanhados limites humanos.

A cultura é instrumento de libertação. Há que ser, portanto, de integração de todos e de cada um na vida que é de todos. A cultura desoprime onde antes havia opressão, liberta onde antes havia escravidão, socializa onde antes havia individuação.

A cultura é, mais ainda, uma trilha pela qual a humanidade se abraça em todas as formas de conhecimentos, incluídos os científicos, e a história não pode ser negada a uns quando outros lhe tomam a direção e exorta outros a se ausentarem do momento vivido pelo progresso.

166 O que se produz intelectual, científica ou artisticamente é direito de toda a humanidade, não apenas de alguns que seriam privilegiados. A criação do ser humano dota-o de asas que o põem no céu dos entes em terra.

A autoria não submete o ser humano aos outros, liberta-o de si e faz expor a sua criação aos benefícios que dela todos podem haurir.

A política compõe uma proteção contra eventuais investidas contra os criadores, porque a intolerância não é incomum e os que se distinguem e avançam, em períodos inteiros, as luzes da humanidade continuam a sofrer por se desigualarem da média dos cidadãos. É contra a intolerância dos que se acham iguais e, por isso, se acham únicos e donos da verdade que há de haver a proteção dos que não se fazem reis, mas que se acham deuses de uma verdade que é só deles.

O Pierrô apaixonado de qualquer Carnaval, a costureira a cerzir sonhos da rainha da bateria, o escritor que nunca mente ao criar a sua invenção estórica, o cientista que mata o segredo do vírus e alarga o mistério da vida, qualquer cultura é o renascimento do ser humano em sua dimensão mais inteira, em sua animação humana mais profunda.

ARTIGO 28

Todo ser humano tem direito a uma ordem social e internacional em que os direitos e liberdades estabelecidos na presente Declaração possam ser plenamente realizados.

(Arts. 1º, 3º, 4º, incisos II, 5º, 6º, 7º, especialmente, da Constituição do Brasil)

Estudo para o mural "Guerra" para a ONU, 1955

LEI NÃO É AVISO para se colar em prateleira e manter-se como lembrança. É mandamento para ordenar a vida comum. E é impositiva porque representa, se legítima, uma possibilidade de realização de Justiça segundo o que pensa a sociedade para todos os casos.

A ordem interna e a internacional justificam-se pelo fio condutor que as une e que são os direitos humanos. A ordem interna de um Estado e a ordem internacional que alia (e, às vezes, desune) os Estados somente se legitimam pela prossecução e garantia dos direitos fundamentais das pessoas.

A soberania que ainda hoje informa, como princípio fundamental, os Estados nacionais (art. 1º, I, da Constituição do Brasil) é a de um povo. Isoladas, as pessoas não são soberanas, são cidadãs.

E, sabe-se, a soberania popular baseia-se na garantia dos direitos humanos para todos.

172 Não obstante os mais de setenta anos de vigência da norma internacional posta no art. 28 da Declaração dos Direitos Humanos e os 35 da Constituição Democrática do Brasil, os índices de desenvolvimento humano demonstram fragilidade preocupante na pátria brasileira e para além de nossas fronteiras.

Não apenas no Brasil ou na América Latina, mas em todos os cantos do planeta, a democracia garantidora daqueles direitos ainda constitui parcela minoritária das organizações estatais.

A liberdade continua esfacelada, a fome continua a doer em milhares de crianças, doenças põem em sofrimento principalmente crianças e idosos. Globalizaram-se interesses, localizaram-se direitos. No neoliberalismo que dominou nas décadas de 1980 e de 1990 o mundo, o ser humano sobra.

Mares que foram dimensões de descobertas humanas audazes e aventureiras tornaram-se cemitérios dos degredados filhos de uma Eva soberanamente egoísta, fechados aos desigualados de sempre.

Crianças tornam-se corpos inanimados em praias **173**
desertas de humanidade sob o gelo do egoísmo e do
preconceito. De longe ainda se escuta a voz camo-
niana do Velho do Restelo: "A que novos desastres
determinas/ de levar estes reinos e esta gente?/ que
perigos, que mortes lhes destinas/ debaixo dalgum
nome preminente?"

No Brasil, os números sobre a desatenção e o desres-
peito aos direitos humanos são assustadores, além
de inaceitáveis, é claro: em 2023, registra-se uma
morte por acidente de trabalho a cada aproxima-
damente quatro horas. Pelos dados do Observatório
de Segurança e Saúde no Trabalho, considerando-se
apenas as pessoas com carteira assinada, os acidentes
e as mortes de trabalhadores no Brasil cresceram 37%
de 2020 a 2022 (em 2020 morreram 1.866 pessoas e,
em 2022, foram 612,9 mil acidentes e 2.538 mortes
registradas). A mortalidade no mercado de trabalho
formal apresentou a maior taxa dos últimos dez anos,
com sete notificações a cada 100 mil vínculos de trabalho, em média.

Os 2.575 trabalhadores resgatados de condições análogas à escravidão ainda estarrecem por se demonstrar, nas operações que conduziram a essa apuração e liberação, que essa crudelíssima prática ainda tem lugar no país. Note-se que parte dos trabalhadores submetidos à condição desumana é de crianças ou adolescentes. Negam-lhes não apenas o presente, retalham-lhes a alma e embotam-lhes todas as formas de construir o seu futuro.

Os números sobre a violência contra a mulher demonstram patamares epidêmicos: crescendo mais e mais, o Fórum Brasileiro de Segurança Pública noticia ter se atingido, até março de 2023, os maiores níveis de vitimização por agressão e assédio desde 2017. Os feminicídios cresceram 6,1% em 2022, com 1.437 mulheres mortas por serem mulheres. Os casos de assédio sexual cresceram 49,7% (6.114 casos em 2022) e os de importunação sexual aumentaram 37% (27.530) no período. Em 2022, foram notificadas 245.713 agressões no ambiente doméstico, o que também informa aumento de boletins de ocorrência se comparado a 2021.

Há que se notar, portanto, que são enormes as dificuldades a serem superadas para se chegar à efetividade
jurídica e social do disposto no art. 28 dessa Declaração.
Mas também são imensas as esperanças que dela
nascem. O que se tem como conquista é menos
do que o ideal, mas a certeza de se ter a conquista
declarada de um direito é passo que adianta a vereda
mais humana.

Os direitos humanos reconhecidos para a dignificação do ser humano e o direito a vê-los respeitados
une e pacifica a tensão entre as ordens estatais no
plano interno e no plano internacional, o que é uma
possibilidade de paz e uma bênção para o desenvolvimento humano integral.

Há um mundo a se construir com respeito pleno aos
direitos humanos em todos os quadrantes do planeta.
O caminho é longo. E há os desviantes desse rumo
de humanidade democrática. Sem ignorá-los, não
há que dotá-los de poder maior do que o instinto de
vida digna impõe.

176 Se não se andou tanto quanto se poderia, é certo que em muito se adiantou sobre tantos temas que a humanidade negou em séculos e séculos de prática de tantas formas de cativeiro.

Agora, o ser humano sabe-se sujeito com direito a ter direitos. Essa é conquista histórica. Quem não tem direitos nem sabe que os tem, por eles não luta. Estamos lutando sem guerrear por esses direitos. Se tem sido uma luta renhida, é que não se pode desconhecer, em qualquer caso, a lição poética de Gonçalves Dias. Afinal, meu filho, viver é lutar...

ARTIGO 29

I) Todo ser humano tem deveres para com a comunidade, na qual o livre e pleno desenvolvimento de sua personalidade é possível.

II) No exercício de seus direitos e liberdades, todo ser humano estará sujeito apenas às limitações determinadas pela lei, exclusivamente com o fim de assegurar o devido reconhecimento e respeito dos direitos e liberdades de outrem e de satisfazer as justas exigências da moral, da ordem pública e do bem-estar de uma sociedade democrática.

III) Esses direitos e liberdades não podem, em hipótese alguma, ser exercidos contrariamente aos objetivos e princípios das Nações Unidas.

(Art. 5º, caput, inciso II e seu § 2º, da Constituição do Brasil)

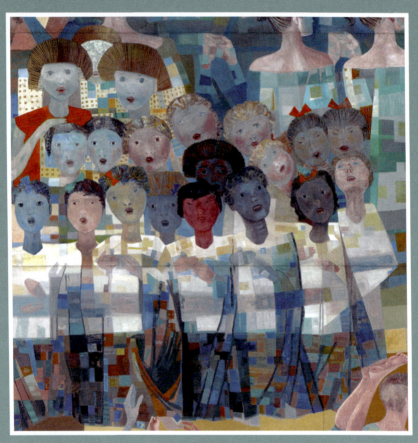
Coral de crianças, mural da ONU, 1955

A BASE DOS DIREITOS HUMANOS é o amor ao ser humano e a toda a humanidade. E como se cuida do sentimento de humanidade e humanismo, e não da racionalidade da construção jurídica, somente a solidariedade social que impregne os sentimentos a marcar as relações pode conduzir à transcendência dos propósitos, à consecução dos objetivos pela superação da força que obriga pela sua só imposição, não pela legitimação.

Os sentimentos são algozes, quase sempre, e enganosos, frequentemente. Obrigações com os outros baseadas no sentir podem não conduzir a bom êxito, mas são as únicas que podem conduzir a bom êxito.

O sentimento mais forte pelo outro, o respeito ao outro, o afinar-se e saber-se parte do outro e íntegro com o outro podem levar mais longe a solidariedade do que qualquer dever racionalmente imposto pela criação jurídica.

182 O ponto de partida dos direitos humanos é o reconhecimento da fraterna relação com o outro, a ligação permanente e confiante com o outro. Por isso, o fundamento dos direitos humanos é o amor à humanidade, não diluído em realidades apenas cogitadas, mas na certeza da existência do outro que depende, sempre, de cada um.

Mas esse ponto fica a depender da inconstância dos sentimentos pelos outros, que, não poucas vezes, se altera em opostos sentires e conduz a atos de força e de contrariedade à humanidade de todos.

O que pode o amor solver não pode a força resolver. Mesmo a força que traga a força e forja o direito não é capaz de formular, em extensão e fecundidade, o que pode o ato de amor ao outro propor-se a viver.

A base dos direitos humanos é um sentimento, mas os direitos são gestos de razão.

Daí a imposição que juridicamente se faz de garantir-se a solidariedade não apenas como um comportamento que promana da conduta ética exigível, mas também da obrigação normativamente estabelecida.

A fortaleza dos direitos humanos está em que o ser humano do outro se aproxima por necessidade e por afinidade. É o sentimento de ligação com o outro e o sentido da precisão que do outro sempre se tem do que se põem na base dos direitos humanos. Estes são direitos que têm a sua fonte no coração, e não na razão humana. Significa reconhecer que cada ser humano é um pouco o outro, nas suas luzes e até mesmo nas suas sombras. Essa certeza de ser no outro um pouco do que se é enlaça todos os homens na experiência social, fazendo que cada qual esteja para sempre com o outro, na adversidade e na busca de companheirismo fraterno.

ARTIGO 30

Nenhuma disposição da presente Declaração pode ser interpretada como o reconhecimento a qualquer Estado, grupo ou pessoa, do direito de exercer qualquer atividade ou praticar qualquer ato destinado à destruição de quaisquer direitos e liberdades aqui estabelecidos.

Meninos no balanço, 1955

O DIREITO FORMULA-SE para a construção, não para a destruição. Direito posto há de ser cumprido, não menosprezado, transgredido, avaliado segundo conveniência de cumprimento de cada pessoa.

Ademais, na esteira do estabelecido no art. 28 desta Declaração não há como ordens estatais afrontarem os direitos que não advêm dos Estados, sendo inerentes aos seres humanos em qualquer local. O que fundamenta e legitima os direitos declarados como fundamentais no plano nacional e internacional é a humanidade do seu titular, não a condição ou situação da pessoa. Ser pessoa é o que faz ser sujeito desses direitos, não estar a pessoa nesta ou naquela circunstância, local ou condição.

Superada a fase negativa dos direitos reconhecidos, na qual se elencavam e se garantiam apenas gestos ou práticas que não seriam admitidos, aos Estados outorgou-se o ofício de torná-los efeitos, atribuindo-se a eles os deveres de agir positivamente.

188 O ser humano não vive nem convive de intenção, mas de gesto. É o agir que promove a construção, a produção, a partilha, que dota de efetividade direitos reconhecidos e declarados. Querer apenas que as coisas deem certo, que as relações sejam harmoniosas, que a vida siga sem guerra não garante a paz. Aliás, guerra se planeja, por isso paz precisa ser desejada, ensinada e assegurada com práticas que desfaçam as conflagrações.

Os gestos, nos Estados, partem de escolhas políticas. Estas não podem ser adotadas contrariamente ao declarado como direitos fundamentais, pena de atentado ao quanto posto como norma imposta ao pleno atendimento por todos.

Qualquer eleição de caminhos políticos ou estatais feita à revelia dos direitos humanos não dispõe de legitimidade democrática. A guerra não é apenas a negação do direito; é a negação da humanidade; é a proscrição da civilidade. Seja ela claramente contrária aos direitos humanos, seja ela camufladamente contrastante com os direitos humanos, não se há cogitar de validade da desordem forjada sob qualquer interesse ou mote.

Normas que anulem, fragilizem, enganem, esvaziem os direitos humanos são inválidas. Se as palavras são fracas diante da força operante e propulsora da vida, nem por isso se há de abandonar a luta para que os significantes encapsulados nas palavras das normas germinem e transformem a vida de todas as pessoas com experiências tão mais dignas quanto mais preservados e obedecidos forem os seus direitos.

Combate difícil? Muito mais fácil do que viver sem a garantia do respeito aos direitos humanos. Afinal, onde um estiver sendo torturado, será minha carne que o açoite ferirá. A fome do outro ronca doída e urgente em meu estômago. A letra que o outro não teve foge ao meu olho embaçado pela certeza de que não cumpri minha parte do dever de humanidade.

Belo Horizonte, primavera de 2023

Mãos entrelaçadas, 1955

DIREITO PARA TODOS
(uma nota necessária)

OUTROS MESMOS DIREITOS:
A DIGNIDADE COMO CONQUISTA

A gente sonha um amanhecer radioso e um entardecer luminoso. Gente quer acordar com esperança e dormir em paz. Mas entre o nascer e o pôr do sol, as pessoas guerreiam. Na imensidão desse mundo, as atrocidades parecem mais vastas que os afetos. No entanto, a humanidade constrói-se no encontro; desnatura-se no confronto.

Perplexo em sua existência, o ser humano nega-se. Ao invés de construir humanidades, perde-se em desumanidades. Desertar-se de sua natureza é escolha. Os animais não fazem escolhas contra sua condição: a onça não "desonça", o lobo não "desloba", a serpente não "desserpenta". O ser humano desumaniza-se!

E a história humana relata enlaces e desencontros. A pessoa descobre-se no outro. Mas, não raro, descuida-se do que segue a seu lado. E, assim, descura-se de si.

192

Os direitos são postos para que o caminho humano não se desacerte nos passos. São eles que marcam o andar e contam da travessia cumprida e do rumo que se dá a romper para a busca em direção ao destino utópico. Andar deixa o vestígio de humanidade construída a cada pegada, seguida e adiantada pelo que dá sequência ao rumo estradeiro.

A senda persegue as pegadas desenrolando a rota. Lei é sinal a impedir o descaminho. E ela não desabrocha a cada manhã, como se fossem rosas. Mas a força da vida incita o germinar permanente, que faz florescer a melhor humanidade a confortar a aventura humana. Desenham-se canteiros civilizatórios nos quais se cultivam ideais de justiça e paz.

É certo, há tantos *desjardineiros* com suas "flores de pânico" a destruir hortos que se faz necessária uma arquitetura humana de quintais, nos quais se esbocem jardins para semear alguma segurança no incerto da existência.

Direitos conquistados e declarados facilitam o florescimento de vidas, quantas vezes mutiladas pela insensatez da cega desumanidade. A erva que dana o plantio prescinde de labuta ou empenho. O mal cresce é na solidão do impreciso. O bem pede cuidado e atenção, a liberdade também.

O direito não é mesmo bastante para assegurar a humanidade, mas é imprescindível para constranger e reparar a injustiça desumana. Se mais não fosse, para saber o injustiçado que a injúria não há de ser aceita e contra ela há que se atuar.

Declarações de direitos são documentos com força definidora de conteúdos imprescindíveis para o reconhecimento e o respeito à dignidade humana e para a garantia da igual liberdade de todos os seres.

Declarações têm força impositiva. E há juízes e tribunais responsáveis por fazê-las valer.

O ser humano é frágil; a vida é insegura. A união fortalece. A solidariedade aconchega. Temendo seu

194 próprio medo (da vida, da morte, do amor, do ódio) a tornar assustadiça a vida, as pessoas modelam espaços de convivência para que a grande aventura de viver seja expansiva e lance cada um para além da incerteza insuperável.

Assim se conceberam as democracias. Modelos de convivência acolhedora, com os direitos afirmados para a garantia da igualdade que irmana e faz do outro irmão, afinado pela mesma essência vital. É na dignificação do encontro e da união de todos que se constrói a forma livre de bem ser. Igualmente livres todos para desenvolver seu talento e sua vocação, não se divorcia a pessoa de sua humanidade.

Não que seja conjugação fácil a dos verbos humanos. Tão plurais, tão diversos! Toda pessoa é igual à outra em sua dignidade humana. Cada pessoa é única em sua identidade pessoal. Igualdade e singularidade dão a marca de humanidade que une todas as pessoas naturais. Mas a identidade de cada um, a distinguir cada ser humano de todos os outros, tornando-o único em sua existência, é o que tem desunido. O que alargaria a humanidade de cada um ao ampliar-se no vislumbre do outro diferente impõe-se como entrevero do desconhecido e da resistência ao olhar.

Para que a identidade única de cada pessoa seja um alento ao outro, para que a igualdade seja qualidade inquestionável nas relações humanas, cada um haveria de renunciar à vaidade para formar uma coletividade e, assim, promover-se a confiança de todos. Tarefa árdua a se cumprir nos desvios do humano/desumano. Sem satisfazer-se em ser um, a pessoa nega-se a ser dois. Dilema complexo que não parece ser de uma geração, senão que de muitas.

Não se há de deixar de anotar que, de primeiro, as declarações de direitos humanos cogitavam mesmo do masculino. A marcha da humanidade avistou o feminino. A mulher forçou a porta. Toda mulher é um tanto Olímpia. A humanidade cedeu à interpretação mais ampla das declarações e acolheu, pouco a pouco, a mulher nos vãos dos direitos. Até agora

196 nem tanto igual como declarado, nem sempre com gosto, como esperado. Reconheceram-se os direitos fundamentais estendendo-os à mulher mais na forma que no conteúdo. Reconheça-se que abraços são movimentos lerdos. Espaçam-se no tempo, avançam lentamente. No vagar, a injustiça faz-se. A vida reclama urgência. A injustiça impõe pressa a desfazê-la.

Os povos avançaram nos encontros, as declarações de direitos mundializaram-se. Mas as guerras não deixaram de multiplicar-se. A paz tem alicerce frágil, a justiça compõe-se com cautela e método. A injustiça é feroz e rápida. E a guerra é sempre estrepitosa.

Chega-se ao século XXI tendo-se de encarar a "criança muda telepática e (a) menina cega inexata...".

Justiça – como a vida – é sempre um fazer inexato; a paz é um conviver impreciso. O viver humano é aritmética controversa, sempre surpreendente.

A cada direito conquistado e declarado há um novo garantir direitos a ser promovido. E a arquitetura humana é mutante e criativa. Reinventa-se a esperança. Para isso, há cândidas criaturas a mostrarem a alma de mulheres e homens e a ensinarem humanidade. Sábios os pincéis que desenham os caminhos vertidos e pintam estradas a palmilhar.

O caminho humano é longo e pleno de percalços. Mas os pés são para o caminhar. Afinal, gente quando não anda, desanda. E não é destino humano a desandança. Somos seres em marcha permanente.

Declarações de direitos são candeias a iluminar a rota. O rumo é refeito a cada etapa. Mas sempre é tempo de humanidade. Em qualquer tempo, valem as declarações, testemunhas das épocas, lanternas para o melhor conviver humano. São elas documentos serventes à melhor condição de todos os seres. Por isso, as declarações de direitos persistem necessárias e eficazes.

À Declaração dos Direitos Humanos de 1948 seguiram-se muitas outras. Assim, por exemplo e dentre outros tantos documentos internacionais, a Convenção Interamericana sobre a Concessão dos Direitos Políticos à Mulher (Decreto n° 29.584, de 28 de maio de 1951); a Convenção Interamericana sobre a Concessão dos Direitos Civis à Mulher (Decreto n° 31.643, de 23 de outubro de 1952); a Convenção Internacional sobre a Eliminação de Todas as Formas de Discriminação Racial (Decreto n° 65.810, de 8 de dezembro de 1969); a Convenção sobre os Direitos da Criança (Decreto no 99.710, de 21 de novembro de 1990); o Pacto Internacional sobre Direitos Civis e Políticos (Decreto n° 592, de 6 de julho de 1992); a Convenção Americana sobre Direitos Humanos (Pacto de São José da Costa Rica - Decreto n° 678, de 6 de novembro de 1992); a Convenção Interamericana para a Eliminação de Todas as Formas de Discriminação contra as Pessoas Portadoras de Deficiência (Decreto n° 3.956, de 8 de outubro de 2001); a Convenção sobre o Acesso Internacional à Justiça, firmada pela República

Federativa do Brasil, em Haia, em 25 de outubro de 1980 (Decreto nº 8.343, de 13 de novembro de 2014); a Convenção sobre a Eliminação de Todas as Formas de Discriminação contra a Mulher (Decreto nº 4.377, de 13 de setembro de 2002); a Convenção nº 29 da OIT – Trabalho forçado ou obrigatório aprovada pelo Decreto Legislativo nº 24, de 29 de maio de 1956 (Decreto nº 10.088, de 5 de novembro de 2019); a Convenção 105 da OIT – Abolição do trabalho forçado aprovada pelo Decreto Legislativo nº 20, de 30 de abril de 1965 (Decreto nº 10.088, de 5 de novembro de 2019); a Convenção Interamericana contra o Racismo, a Discriminação Racial e Formas Correlatas de Intolerância (Decreto nº 10.932, de 10 de janeiro de 2022).

Declarações são documentos nos quais se enunciam direitos em anúncio necessário às lanternas humanas postas para iluminar o caminho da Justiça. Cada povo em todo o tempo escolhe viver sob a luz da humanidade ou nos sombrios das catacumbas desconstruídas no perdido das injustiças.

200 Mas já se sabe que a melhor manhã é a que se desperta ao som do coração sossegado, não a que se abre ao estampido alucinado de explosivos. Afinal, todo ser humano tem o direito de acreditar que a sua vocação é contar a sua vida como um tempinho de alegrias. O outro terá, então, confiança de que também poderá vir a sorrir.

Na noite, as bombas continuam a explodir lá fora. Ressoam em meus ouvidos exaustos. Mas não conseguem fazer explodir a esperança de uma humanidade que faça cessar o fogo dos ódios, mantendo apenas a quentura do afeto mais sincero e humano. Cândida e sinceramente, continuo a acreditar!

SOBRE A AUTORA

Cármen Lúcia Antunes Rocha é natural de Montes Claros (MG), magistrada, professora e jurista. Formada em Direito pela Pontifícia Universidade Católica de Minas Gerais (PUC-Minas), é professora titular de Direito Constitucional naquela instituição. Mestre em Direito Constitucional pela Universidade Federal de Minas Gerais (UFMG), foi Procuradora do Estado de Minas Gerais, tendo sido Procuradora-Geral daquele Estado entre 2001 e 2002. É ministra do Supremo Tribunal Federal (STF) desde 2006, quando se tornou a segunda mulher indicada para o cargo na história do país. Foi presidente da Casa entre 2016 e 2018. Em 2009 foi eleita para ao Tribunal Superior Eleitoral (TSE), do qual foi presidente em 2012, tendo sido a primeira mulher a ocupar a posição. Desde 2023 exerce outra vez o cargo de vice-presidente daquele Tribunal Superior. É autora de vários livros jurídicos e artigos publicados em revistas especializadas.

SOBRE AS IMAGENS

Todas as imagens apresentadas neste livro são obras de Candido Portinari, pintor brasileiro nascido em Brodowski (SP), em 1903. Portinari é reconhecido por ter retratado em sua vasta obra os aspectos da cultura brasileira e as condições de vida da população do país. Entre os seus trabalhos mais conhecidos estão a série Retirantes, sobre os devastadores efeitos da seca e da desigualdade social no interior nordestino, e o painel "Guerra e paz", um presente do Brasil para a sede das Nações Unidas (ONU), em Nova York. É autor de mais de 5 mil obras, entre pinturas, desenhos, painéis e esboços, e seu legado pictórico, ético e humanista foi levantado, pesquisado, catalogado e disponibilizado pelo Projeto Portinari, fundado em 1979 por seu único filho, João Candido Portinari, até hoje seu diretor-geral.

João Candido, titular dos direitos de autor de Portinari, cedeu as imagens para esta edição, além de realizar a curadoria das mesmas.

Um agradecimento especial a João Candido e sua esposa, Maria Edina Portinari.

www.portinari.org.br

"Passaram os acontecimentos.
Só não passam os sonhos,
tão reais que ninguém
saberia distingui-los
de coisas acontecidas."

CANDIDO PORTINARI

Três mulheres, 1939

ESTE LIVRO FOI EDITADO PELA BAZAR DO TEMPO, NA CIDADE DE
SÃO SEBASTIÃO DO RIO DE JANEIRO, NA PRIMAVERA DE 2024.
ELE FOI COMPOSTO COM AS TIPOGRAFIAS INTRO E WARNOCK
E IMPRESSO EM PAPEL OFFSET 120G/M^2, NA LEOGRAF.